Kreativwerkstatt Kunst

Das malende Klassenzimmer

Künstlerisches Gestalten mit Schülern
15 Vorschläge

mit Schritt-für-Schritt-Anleitungen

von Katja Stach und Melanie Meinhart

Stolz Verlag
Edition Lendersdorfer Traumfabrik

www.stolzverlag.de

INHALT

> Der,
> der mit seinen Händen arbeitet,
> ist ein Arbeiter.
>
> Der,
> der mit seinen Händen und mit seinem Kopf arbeitet,
> ist ein Handwerker.
>
> Der,
> der mit seinen Händen, seinem Kopf und seinem Herzen arbeitet,
> ist ein Künstler
>
> *Franz von Assisi*

In jedem Schüler steckt ein Künstler. Und das grundsätzlich, auch wenn es zunächst nicht den Anschein hat. Der Pinselstrich ist unsauber, die Schere schneidet nicht treffsicher, sondern rutscht gar oft daneben. Dürfen wir auch jenen Schüler einen Künstler nennen, der stundenlang vor seinem leeren Zeichenblatt sitzt, bis er schlussendlich das Motiv eines Mitschülers abzeichnet? Und wie ist das mit dem flotten Dreizehnjährigen, der zu Beginn einer jeden Kunststunde energisch betont, eigentlich »keinen Bock auf den Babykram« zu haben – steckt auch in ihm ein Künstler? Die Antwort ist ja. Sein schlummerndes Talent zu wecken ist nunmehr die spezielle »Kunst« des Lehrers.

Dazu benötigt dieser Lehrer zweierlei: gute Ideen und eigenes Engagement mit Freude am künstlerischen Gestalten. Ansprechende Motive und Arbeitstechniken, die sich in besonderem Maße für den Kunstunterricht an Schulen eignen, sorgen für Freude am Tun. Die Vorschläge in diesem Band sind mehrfach in der Praxis an Haupt- und Förderschule erprobt worden. Die schönen Ergebnisse zeigen, mit wieviel Freude die Schüler ihr kreatives Potential ausgeschöpft haben. Experimente mit Formen und Farben, Ausprobieren verschiedener Techniken, Suche nach eigenen Ausdrucksformen: alle sind in den Bann der Kunst gezogen worden, auch die anfangs Lustlosen oder Skeptischen. Schließlich ist für jeden etwas dabei, was ihm besonders liegt: der Grobmotoriker findet Freude am »Aalen in Farbe«, der von Ideen nicht »bedrängte« Schüler kann sich aus den Kopiervorlagen

Das malende Klassenzimmer   Best.-Nr. 345

Stolz Verlag

Denkanstöße holen, der coole Kunstmuffel findet an »schrägen« Wandgestaltungen und Graffitis Freude.

Die Vorschläge werden je nach Anspruch, Voraussetzung, Schulstufe und Interessenlage der Schüler modifiziert. Der Kunstlehrer findet in diesem Heft ein unerschöpfliches Reservoir an Möglichkeiten. Abbildungen und Schritt-für-Schritt-Erläuterungen sind eine wertvolle Hilfe, nicht nur für den fachfremd Unterrichtenden!

Die vorgestellten Kunstideen begeistern Mädchen und Jungen gleichermaßen. Sie bringen Farbe in Schulflure, Klassen- und Kinderzimmer. Sie wirken als dekorativer Blickfang. Einige Kunstwerke eignen sich auch als Geschenke für diverse Gelegenheiten oder Feste im Jahreskreis.

Viel Freude und Erfolg beim Malen und Werken wünschen

Melanie Meinhart & Katja Stach

Stolz Verlag   Das malende Klassenzimmer   Best.-Nr. 345

Keith Haring in 3-D-Optik

Man benötigt (pro Schüler):

- Pappe: Hinweis II beachten!
- etwas weißes Tonpapier
- Wasserfarben, Pinsel
- schwarzen Filzstift
- Streichholzschachtel (nur die Hülle): Hinweis I beachten!
- Bildhaken

So geht's:

Schritt 1: Die Pappe mit Wasserfarben anmalen.

Schritt 2: Auf einem Skizzenblatt Figuren entwerfen.

Schritt 3: Die am besten gelungene Figur auf Tonkarton übertragen und mit Wasserfarben anmalen.

Schritt 4: Nach dem Trocknen die Figur mit einem schwarzen Filzstift umranden.

Schritt 5: Auf die Rückseite der Pappe einen Bildhaken festkleben (Mitte abmessen!)

Schritt 6: Hülle einer Streichholzschachtel in vier Streifen schneiden (vier Abstandhalter).

> **Hinweis I:** Abstandhalter kann man aus einem Streifen Karton oder Pappe problemlos selber falten und zusammenkleben.

Schritt 7: Mit flüssigem Klebstoff die Figur mittels Abstandhalter auf die Pappe kleben; gut trocknen lassen.

Alternativen:

- Körper- oder Kopfprofil eines jeden Schülers mit Hilfe eines Overheadprojektors an die Wand werfen und einen Scherenschnitt anfertigen. Diese großen Scherenschnitte verkleinern, auf schwarzes Tonpapier übertragen und mit Abstandhaltern auf die bemalte Pappe kleben.

- Sportler-Figuren entwerfen, ausarbeiten und mit Abstandhaltern aufkleben.

- Graffiti-Schriftzug zusammenhängend mit Abstandhaltern aufkleben.

Hinweis II: Galerien verschenken die Abfälle von Passepartout-Pappen. Diese eignen sich hervorragend als Hintergrundpappe, da sie sehr stabil sind. Sollten sie sich nach dem Anmalen etwas verziehen, können sie problemlos wieder in Form gebogen werden.

Die vier Elemente

– Gruppenarbeit –

Man benötigt:

- 4 gleichgroße Platten aus Pressspan, quadratisch, z.B. 40 × 40 cm oder rechteckig, z.B. 30 × 50 cm

- Acrylfarben

- Pinsel, Schwämme

- Sprühlack (klar, matt)

- wasserfesten Stift

- Kopiervorlagen (evtl. Kohlepapier)

So geht's:

Schritt 1: Grundieren der Spanplatten mit weißer Farbe.

Schritt 2: Besprechung der 4 Elemente (Feuer – Wasser – Erde – Luft) und Zuordnung der entsprechenden Farben zu jedem Element.

Schritt 3: Einteilung der Schüler in 4 Gruppen und Zuordnung jeweils eines der Elemente.

Schritt 4: Aufzeichnen der Motive bzw. Übertragen von der Kopiervorlage mit Hilfe von Kohlepapier auf die Mitte der Platten.

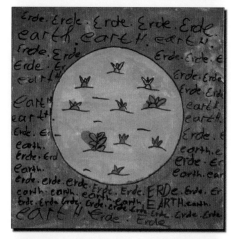

Schritt 5: Hintergründe mit Schwämmen und Acrylfarben tupfen; trocknen lassen.

Schritt 6: Ausmalen der Motive; trocknen lassen.

Schritt 7: Umranden aller Motive und Details mit wasserfestem Stift.

Schritt 8: Das jeweils zum Element passende Wort wird wiederholt auf den getupften Hintergrund geschrieben (im Beispiel wechselweise Deutsch und Englisch).

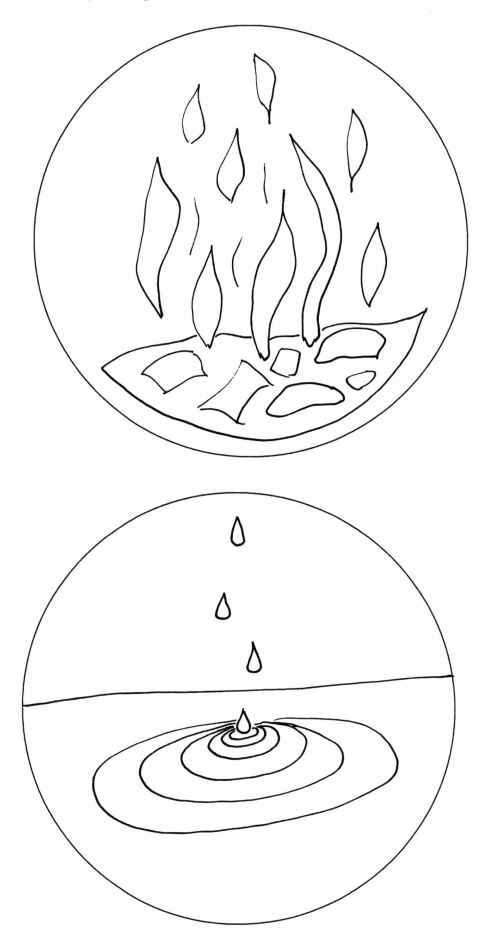

Stolz Verlag   Das malende Klassenzimmer   Best.-Nr. 345

Stolz Verlag   Das malende Klassenzimmer   Best.-Nr. 345

Bretter-Bild

– nach Matisse –

Man benötigt für je 2 Schüler:

- Holzbrett (ca. 14 x 60 cm, alle Bretter sollen die gleichen Maße haben)
- Acrylfarben
- Bleistift, Pinsel

Außerdem:

- Overheadprojektor
- Motiv, auf Folie kopiert

So geht's:

Schritt 1: Einen Tisch an die Wand rücken. Etwa 5 Bretter darauf nebeneinander hochkant aufstellen. Sie sollen möglichst steil an der Wand lehnen.

Schritt 2: Mit einem Overheadprojektor das gewünschte Motiv so auf die Bretter projizieren, dass sich die Wiedergabe des Motivs auf alle 5 Bretter verteilt.

Schritt 3: Die Schüler umranden nun der Reihe nach – ohne die Bretter zu bewegen – mit Bleistift den Teil des Motivs, der auf ihrem Brett zu sehen ist.

Schritt 4: Wenn das Motiv komplett übertragen wurde, gestalten die Schüler ihre Bretter (einschließlich der Ränder!) farbig. Dabei sollten keine Farben gemischt werden, um Farbabweichungen in der Optik auszuschließen.

Schritt 5: Alles gut trocknen lassen. Die Bretter nun mit geringen, gleichmäßigen Abständen an die Wand hängen.

Stolz Verlag   Das malende Klassenzimmer   Best.-Nr. 345

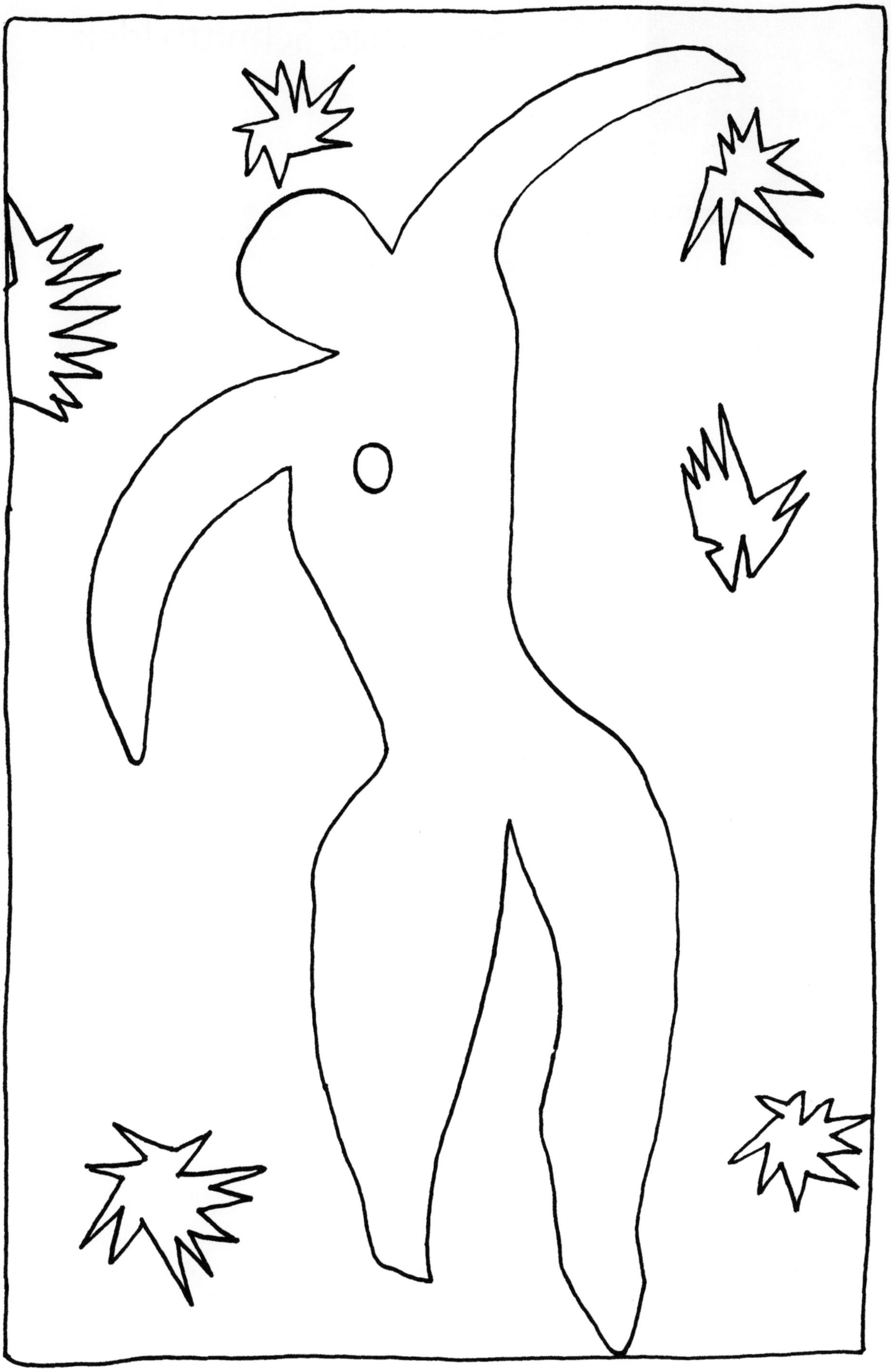

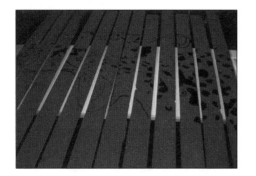

Schnittige Schnittbilder

– Gruppenarbeit –

Man benötigt:

- Acrylfarben
- Pinsel, Schwämmchen
- Holzlatten bzw. längliche Holzbretter (jeweils ca. 1,60 m)
- Bleistift

So geht's:

Schritt 1:   Die Holzbretter werden in einer Farbe grundiert. Wir erzielen einen eindrucksvollen Effekt durch das Auftupfen einer weiteren Farbe mittels eines Schwämmchens auf die Grundierung.

Schritt 2:   Die Holzbretter nach dem Trocknen auf eine ebene, saubere Fläche legen und der Reihe nach nummerieren.

Schritt 3:   Die Bretter ohne Zwischenraum und in der Länge versetzt nebeneinanderlegen; mit einem Bleistift Markierungslinien ziehen. Im späteren Verlauf der Arbeit ist dann ersichtlich, wie die Bretter wieder angeordnet werden müssen (siehe Seite 15 unten).

Schritt 4:   Mit einem Bleistift kann nun das Motiv skizziert werden (siehe Seite 16). Man kann auch ein eigenes, an das Niveau der Schülergruppe angepasstes Motiv auswählen.

Schritt 5:   Nach dem Bemalen der Holzbretter werden diese mit Klarlack versiegelt, um die Farben zu konservieren. Das Kunstwerk eignet sich dann auch für eine Anbringung im Außenbereich.

Schritt 6:   Mit einem Zwischenraum von etwa 4 cm werden nun die Bretter exakt aufgehängt. Dabei hilft die Markierungslinie (siehe Schritt 3).

Stolz Verlag   Das malende Klassenzimmer   Best.-Nr. 345

Dieses Schnittbild wurde von Schülern einer 10. Hauptschulklasse angefertigt:

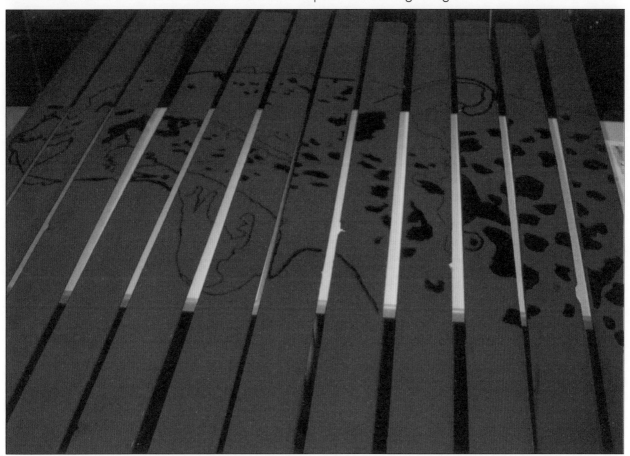

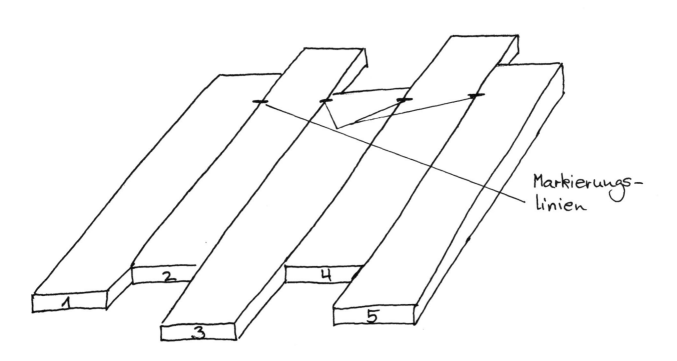

Stolz Verlag   Das malende Klassenzimmer   Best.-Nr. 345

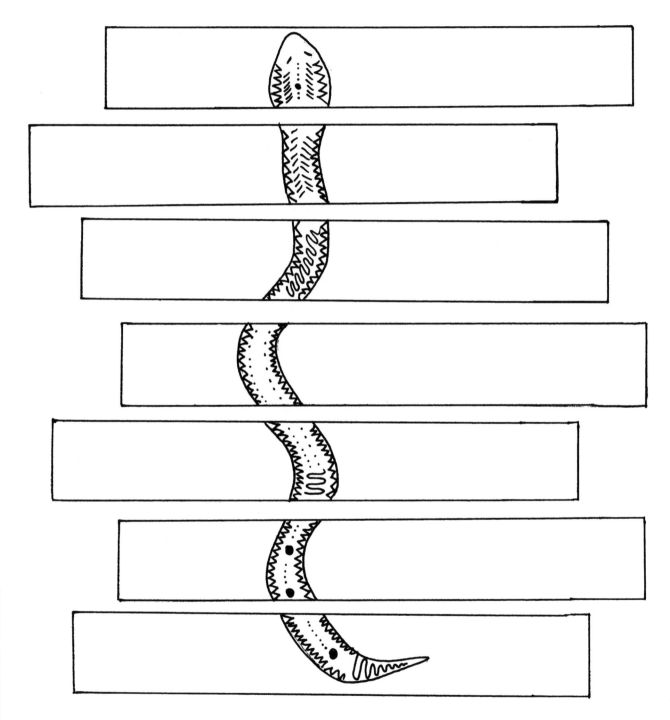

Stolz Verlag   Das malende Klassenzimmer   Best.-Nr. 345

Jahreszeitliches Holzbrett

Man benötigt:

- Brett (z.B. Fichte), ca. 14 x 60 cm
- Acrylfarben
- Pinsel
- wasserfesten Stift
- Sprühlack (klar, matt)
- Kopiervorlage (evtl. Kohlepapier)

So geht's:

Schritt 1: Das Brett zweimal weiß grundieren; gut trocknen lassen.

Schritt 2: Die Umrandung des Motivs mit einem Pinsel auf-tupfen; trocknen lassen.

Schritt 3: Das Motiv entweder frei aus der Hand zeichnen oder mit Hilfe von Kohlepapier und Kopiervorlage auf das Brett übertragen.

Schritt 4: Motiv ausmalen; trocknen lassen.

Schritt 5: Alle Umrisse und Details mit wasserfestem Stift umranden.

Schritt 6: Mit Sprühlack wetterfest machen (diese Arbeit unbedingt im Freien durchführen!).

Als Motive eignen sich einfache, plakative Figuren. Man findet viele Anregungen auf Postkarten oder in Illustrierten.

Stolz Verlag   Das malende Klassenzimmer   Best.-Nr. 345

Stolz Verlag   Das malende Klassenzimmer   Best.-Nr. 345

Keilrahmenbau

– Partnerarbeit –

Man benötigt pro Schüler:

- 4 Stücke einer Dachlatte (zwei jeweils gleichlang)
- Leim
- Tacker mit 14 mm-Klammern
- weißen, festen Stoff (z.B. Nessel, Baumwolle, Leinen)
- weiße Farbe (Acryl- oder Wandfarbe)
- evtl. Hammer

So geht's:

Schritt 1: Die vier Latten so hinlegen, dass sie ein Viereck bilden. Die gleichlangen Stücke liegen einander gegenüber.

Schritt 2: Die »Nähte« zwischen den Latten leimen.

Schritt 3: Während der eine Partner die Latten fest zusammendrückt, tackert der andere direkt nach dem Leimen die Nähte zusammen (mit je 2 Klammern pro Naht). Sollten die Klammern noch etwas aus dem Holz ragen, erledigt der Hammer den Rest. Rahmen trocknen lassen.

Schritt 4: Den Stoff so zuschneiden, dass er an allen Seiten bis zur Rückseite umgeschlagen werden kann. Der Stoff wird zuerst an einer Seite gut festgetackert. Nun zieht der eine Partner den Stoff sehr stramm und der andere tackert ihn an der gegenüberliegenden Seite fest. Das gleiche erfolgt nun an den beiden übrigen Seiten. Den Stoff an den Ecken dabei ordentlich einfalten.

Schritt 5: Den Stoff mit weißer Farbe grundieren und anschließend alles gut trocknen lassen. Jetzt kann der Keilrahmen gestaltet werden.

Das malende Klassenzimmer   Best.-Nr. 345

Stolz Verlag

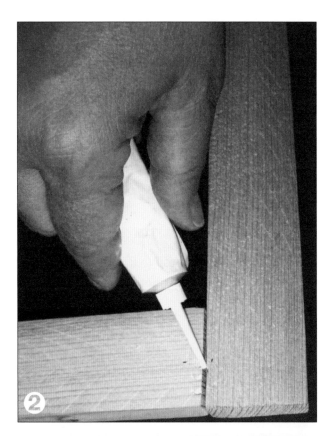

Hinweis: Unsere Keilrahmen haben eine Größe von etwa 26 x 20 cm und sind sehr stabil. Wenn größere Keilrahmen gebaut werden sollen, ist es wichtig, zusätzliche Querstreben anzubringen, die für die nötige Stabilität sorgen.

Das malende Klassenzimmer   Best.-Nr. 345   Stolz Verlag

»Aalen in Farbe«

– Beispiel für die Gestaltung von Keilrahmen –

Man benötigt pro Schüler:

- Keilrahmen

- Acrylfarben

- Pinsel, Spachtel

- Flache Plastikschüssel zum Mischen der Farben (ersatzweise eignen sich auch Pappteller oder Deckel von Farbeimern)

- verschiedene Materialien wie Sand, Muscheln, Kartoffelnetze, Stoffreste, Styroporkugeln, Äste, Wellpappe, Schnüre usw.

- Kittel oder alte Kleidung

- Sprühlack (klar, matt)

So geht's:

Die Bespannung des Keilrahmens sollte weiß grundiert und gut durchgetrocknet sein. Jeder Schüler entscheidet sich für einen Farbton, der sowohl einzeln oder – durch Beimischung anderer Farben – in unterschiedlichen Nuancen auf die Leinwand aufgebracht wird. Wir können spachteln, pinseln, gießen, spritzen, tropfen oder die Hände als unmittelbares Werkzeug verwenden. Parallel zum Farbauftrag werden beliebige Materialien auf der Leinwand untergebracht und zum gewählten Farbton passend gestaltet. Alles ist erlaubt! Es bleibt dem Schüler überlassen, ob einzelne Bereiche des Bildes weiß – also ungestaltet – bleiben sollen. Auch freie Flächen dienen der Gestaltung eines Bildes!

Die Bilder trocknen liegend. Wenn sie völlig trocken sind, werden sie mit Sprühlack überzogen.

Drahtskulpturen

Man benötigt:

- einen kinderfaustgroßen Stein, rundlich oder eckig
- Draht (ca. 1 m)
- evtl. Zange
- Transparentpapier
- Klebstift oder Kleister

So geht's:

Schritt 1: Der Draht wird in Form gebogen (Herz, Stern, Trapez oder andere geometrische Formen). Ausgehend von einem Drahtende lässt man ein kurzes Anfangsstück ungebogen und beginnt mit dem Formen. Eine Zange kann dabei helfen.

Schritt 2: Die Drahtfigur wird geschlossen, indem man das Anfangsstück um das andere Ende des Drahtes windet. (siehe Foto).

Schritt 3: Dieses andere Drahtende fungiert zugleich als Halterung und Ständer. Es wird gerade nach unten gezogen und um den Stein gewickelt. Nun »schwebt« die Figur vertikal über dem Stein.

Schritt 4: Transparentpapier in Streifen reißen oder schneiden, mit Klebstoff oder Kleister bestreichen und damit die Figur einwickeln, bis diese komplett mit Transparentpapier gefüllt ist. Gut trocknen lassen.

Stolz Verlag   Das malende Klassenzimmer   Best.-Nr. 345

Schlüsselanhänger aus Filz

Man benötigt pro Schüler:

- Schlüsselring
- 2 Knöpfe
- ein ausreichend großes Stück Filz (3–5 mm stark)
- ein Filzstreifen (3–5 mm stark, ca. 10 cm lang)
- Nähgarn
- Nähnadel
- Schere

So geht's:

Schritt 1: Schablone anfertigen, Motiv auf Filz übertragen und ausschneiden (oder ein vorgefertigtes Filzmotiv aus dem Bastelladen verwenden).

Schritt 2: Filzstreifen durch den Schlüsselring ziehen und so zusammennähen, dass ein Ende etwa 2 cm länger ist als das andere. Hierzu sollte möglichst ein farbig passendes Garn verwendet werden.

Schritt 3: Die Filzfigur auf den überstehenden Filzstreifen legen und zusammennähen. Das kürzere Filzende so zuschneiden, dass es sich der Form des Motivs anpasst.

Schritt 4: An beiden Seiten Knöpfe annähen – kann auch schon gemeinsam mit Schritt 3 erfolgen.

Alternative:

Den Filzstreifen durch einen Schlüsselring ziehen, beide Enden übereinanderlegen und zusammennähen. Anschließend den Filzstreifen mit Pailetten oder Knöpfen verzieren.

Stolz Verlag   Das malende Klassenzimmer   Best.-Nr. 345

Exotische Schlangen

Vorstich:

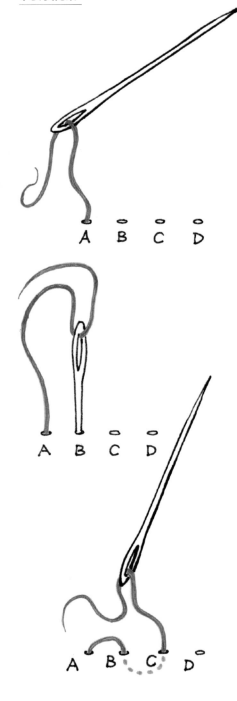

Man benötigt:

- Nesselstoff
- roten Filz
- Schere
- Nähgarn und Nähnadel
- Stoffmalstifte
- Perlen und Pailletten
- rohen Reis

So geht's:

Schritt 1: Die Vorlage entweder 1:1 kopieren, oder je nach Wunsch vergößern oder verkleinern.

Schritt 2: Schlangenmotiv ausschneiden.

Schritt 3: Den Umriss zweimal exakt auf den Nesselstoff übertragen und mit großer Sorgfalt ausschneiden; falls nötig, übernimmt die Lehrkraft diese Aufgabe.

Schritt 4: Die Ausschnitte werden mit Stoffmalstiften, Perlen und Pailletten verziert.

Schritt 5: Die beiden Stofflagen mit den »verzierten« Seiten aufeinanderlegen (Innenseiten außen)

Schritt 6: Mit einem einfachen Vorstich (kurze Stiche!) werden die beiden Stofflagen fest zusammengenäht. Achtung: die letzten 3 cm bleiben offen!

Schritt 7: Die Stofflagen umstülpen; das Innere wird vorsichtig nach außen gekehrt.

Schritt 8: Die Stoffschlange mit rohem Reis füllen; die offene Stelle ebenfalls fest zunähen.

Schritt 9: Schlangenzunge aus rotem Filz ausschneiden und mit kleinen Vorstichen annähen.

Stolz Verlag   Das malende Klassenzimmer   Best.-Nr. 345

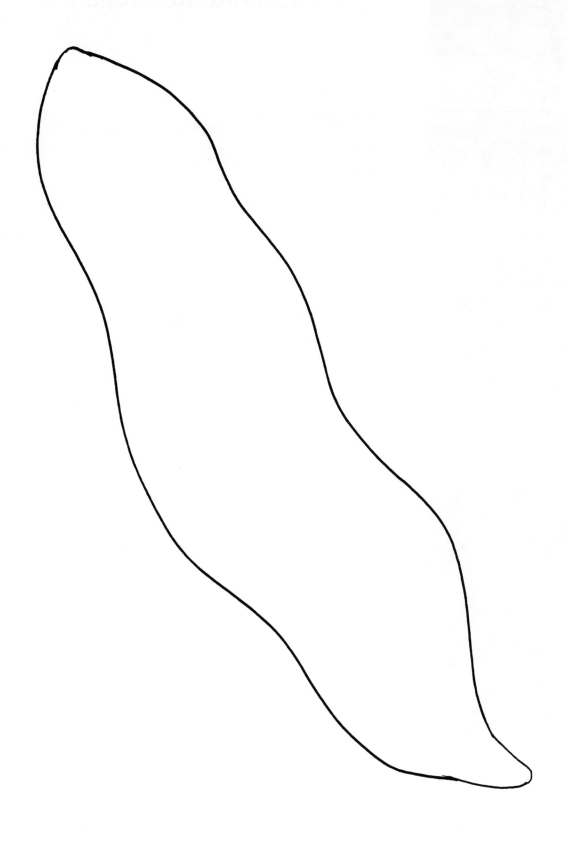

Das malende Klassenzimmer   Best-Nr. 345

Stolz Verlag

Graffiti auf Holz

Man benötigt:

- Skizzenpapier

- Bleistifte

- Bunt- bzw. Filzstifte

- schwarzen Edding-Stift für die Umrandung der Umrisse

- je ein Holzbrett (entweder in unterschiedlichen Größen oder ein einheitlichenes Format für alle)

- farbintensive Acrylfarben

- Borstenpinsel in verschiedenen Stärken

- Zeitungen zum Auslegen

So geht's:

Schritt 1: Experimentieren auf Skizzenpapier mit verschiedenen Buchstaben oder Namen; Methode: Verzerren von Buchstaben (siehe Graffiti-ABC Seite 28).

Schritt 2: Die Buchstaben der Skizze mit Bunt- oder Filzstift flüchtig ausmalen, um die Wirkung auszuprobieren.

Schritt 3: Gestaltung des Hintergrundes, einfarbig oder in mehreren Farben.

> Hinweis: Interessante Effekte lassen sich erzielen, wenn der Hintergrund mit Wisch- bzw. Tupftechnik gestaltet wird. Man kann alternativ den Hintergrund auch mit einer Farbe grundieren und eine weitere Farbe mittels Pinsel oder Schwamm auftupfen.

Schritt 4: Umrandung der Buchstabenkonturen mit einem schwarzen Filzstift. Es wirkt eindrucksvoll, wenn die Buchstaben schattiert werden.

Stolz Verlag   Das malende Klassenzimmer   Best.-Nr. 345

Graffiti auf Holz

Schritt 5:   Übertragen der Skizze mit einem Bleistift auf das Holzbrett

Schritt 6:   Zuerst die Buchstaben ausmalen, dann den Hintergrund einfärben; trocknen lassen

Schritt 7:   Erst wenn die Acrylfarbe trocken ist, werden die Buchstabenumrisse mit einem schwarzen Edding-Stift umrandet.

Individuelle Buchstabengestaltung:

Hinweise: • Für zusätzliche Effekte sorgt Glitterpulver, das auf die noch nasse Acrylfarbe gestreut wird.

• Ein Schlüssel- bzw. Schmuckhalter entsteht, wenn wir einige Haken in das Holzbrett drehen.

Stolz Verlag   Das malende Klassenzimmer   Best.-Nr. 345

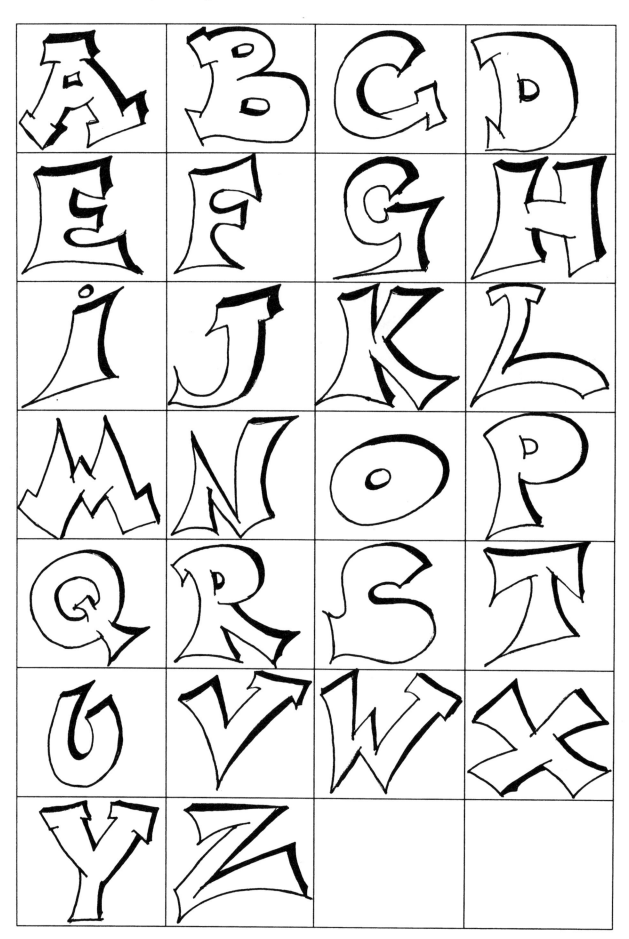

Stolz Verlag   Das malende Klassenzimmer   Best.-Nr. 345

Tierische Lesezeichen

Man benötigt:

- Weißes Tonpapier
- Tiermotive (siehe Kopiervorlagen)
- Wasserfarben, Pinsel
- Bleistift, Filzstifte
- Schere, Klebstoff
- Schneidegerät
- Laminator
- Locher oder Motivstanzer
- Schmuckkordel

So geht's:

Schritt 1: Die Schablonen des Lesezeichens ausschneiden und mit Bleistift auf den weißen Tonkarton übertragen.

Schritt 2: Auf beiden Seiten ein Tierfell zeichnen. Zunächst den Hintergrund mit Wasserfarben grundieren. Die Muster werden dann mit Bleistift vorgezeichnet und später mit Filzstift eingefärbt.

Schritt 3: Die entsprechende Tierfigur wird zweifach benötigt (zeichnen oder kopieren). Ausschneiden und färben mit schwarzer Wasserfarbe (viel Farbe, wenig Wasser). Trocknen lassen.

Schritt 4: Wenn alles getrocknet ist, Tiere aufkleben.

Schritt 5: Lesezeichen sauber beschneiden (Schneidegerät).

Schritt 6: Das Lesezeichen laminieren, um es zu versiegeln.

Schritt 7: In der oberen Mitte des Lesezeichens ein Loch stanzen, das erledigt ein Locher oder Motivstanzer.

Schritt 8: Schmuckkordel durchziehen und verknoten.

Originalgröße

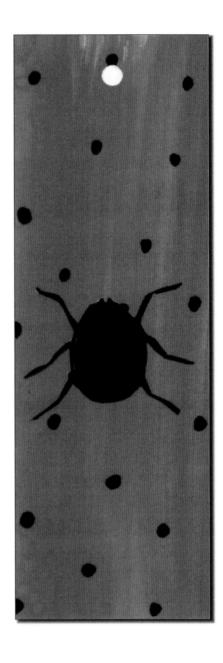

Stolz Verlag   Das malende Klassenzimmer   Best.-Nr. 345

Hinweis: • Wenn das exakte Ausschneiden der Formen den Schülern feinmotorische Probleme bereitet, verzichtet man darauf und schneidet die Umrisse nur grob aus – etwa als Vier- oder Vieleck. Auch eine solche Arbeit kann interessant aussehen.

• Es können auch mehrere Tiere auf das Lesezeichen aufgeklebt werden.

• Vergrößerungen sind als Wandbilder geeignet. Dabei sollten die Umrisse sorgfältig gearbeitet sein (siehe Seite 33).

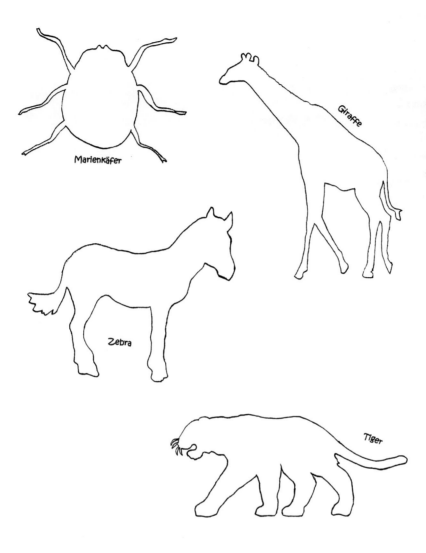

Stolz Verlag   Das malende Klassenzimmer   Best.-Nr. 345

Einfach tierisch

Man benötigt pro Schüler:

- Zeichenblock
- Wasserfarbe, Pinsel
- Bleistift
- Kopiervorlage
- Kleber, Schere

So geht's:

Schritt 1: Auf dem Blatt des Zeichenblocks wird mit Bleistift ein zentraler Bereich markiert, der dann mit einem Tierfell-Muster ausgefüllt wird.

Schritt 2: Mit Wasserfarbe wird das Tierfell-Muster sorgfältig ausgemalt.

Schritt 3: Das entsprechende Tier (Kopiervorlage – zum Beispiel von Seite 31) wird sorgfältig ausgeschnitten.

Schritt 4: Das Tier mit schwarzer Wasserfarbe (viel Farbe, wenig Wasser) anmalen. Trocknen lassen.

Schritt 5: Die schwarze Silhouette des Tieres wird nun auf das Tierfell-Muster geklebt.

Stolz Verlag   Das malende Klassenzimmer   Best.-Nr. 345

Wandgestaltung ohne Aufwand

– Gruppenarbeit –

Man benötigt:

- eine freie Wandfläche
- Bleistift
- Acrylfarbe
- große und kleinere Pinsel
- Overheadprojektor, Folie

So geht's:

Man wählt ein schönes Motiv aus oder entwirft selbst eines. Dieses wird auf eine Folie übertragen und mit Hilfe eines Overheadprojektors an die Wand geworfen. Das Nachzeichnen der Konturen mit Bleistift kann in gemeinsamer Arbeit geschehen. Dies wird gewöhnlich mit großem Eifer erledigt.

In einem zweiten Schritt wird das Motiv mit Acrylfarbe ausgemalt. Auch hier helfen alle zusammen. Wichtig ist jedoch, dass jeder Gruppe oder jedem Schüler eine bestimmte Aufgabe oder ein Wandbereich zugewiesen wird, damit es keine Streitereien gibt. Jeder muss seine Aufgabe genau kennen.

Zuletzt werden die ausgemalten flächigen Motive mit einem schwarzen Edding-Stift an den Rändern nachgezogen, damit das Bild nicht »zerfließt«.

Falls man keine große Wandfläche zur Verfügung hat, wählt man eine freie Ecke für das Vorhaben aus: auch künstlerische Akzente im Kleinformat sehen an den Wänden effektvoll aus!

Trendige Tattoos

Man benötigt je Schüler:

- Nesselstoff
- Stoffmalstifte und Stoffmalfarbe
- Glitterpulver
- Bleistift
- Pappe
- Album, Schreibkladde

So geht's:

Schritt 1: Nesselstoff so zuschneiden, dass damit das Album eingeschlagen werden kann.

Schritt 2: Das gewünschte Motiv wird mit einem Bleistift auf den Nesselstoff übertragen.

Schritt 3: Motiv mit Stoffmalfarbe ausmalen und Umrisse mit einem Stoffmalstift sauber umranden. Auf bestimmte ausgewählte Partien wird Glitterpulver aufgestreut.

Schritt 4: Der Stoff mit dem Tattoo dient als Bespannung für ein gekauftes oder selbstgebasteltes Album.

Ein anspruchsvolleres Projekt wäre es, größere Flächen zu gestalten. Man benötigt dazu Bretter oder alte Schrankböden. Diese ergeben, bespannt mit Tattoo-Mustern, dekorative Wandbilder für den Schulflur.

Stolz Verlag   Das malende Klassenzimmer   Best.-Nr. 345

Das Album einschlagen

1. Geöffnetes Buch auf den Stoff legen

2. Der Stoff sollte 2 bis 3 cm überlappen, damit man den Buchdeckel damit einschlagen kann.

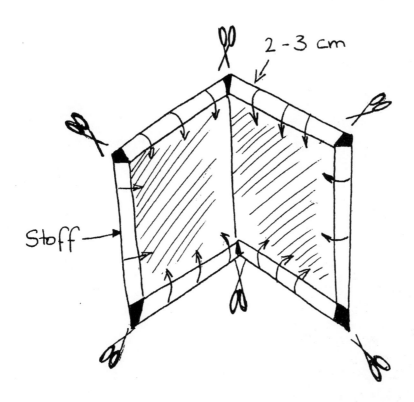

3. Die Ecken des Stoffes diagonal einschneiden, umschlagen und mit Klebstoff fixieren.

Beispiele für Tatto-Motive

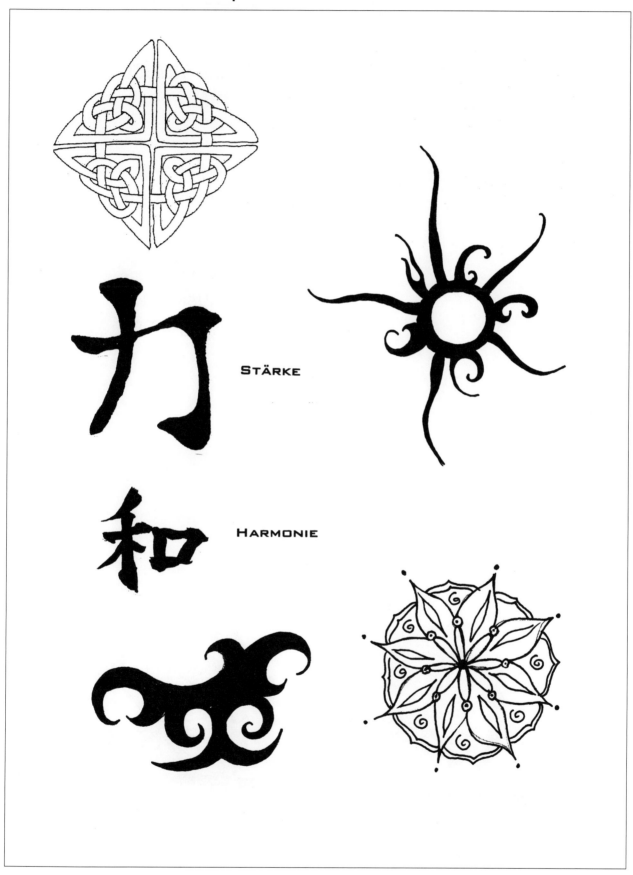

STÄRKE

HARMONIE

Stolz Verlag

Schneidhausener Weg 52, 52355 Düren, Tel. (02421) 5 79 79   info@stolzverlag.de

Deutsch

Aufsatzschreiben kinderleicht
Werkstatthefte 3./4. Schuljahr
Märchen & Fabeln   Best.-Nr. 309
Fortsetzungsgeschichten   Nr. 310
Reizwortgeschichten   Best.-Nr. 308

Die Aufsatzwerkstatt
Beispiele, Übungen, Lösungen ab 5. Schj.
Erzählen und Fabulieren   Nr. 309
Nacherzählung und Inhaltsangabe
                             Best.-Nr. 307
**Gegenstands- und Vorgangsbe-
schreibung**   Best.-Nr. 308
**Protokoll, Exzerpt, Zusammen-
fassung**   Best.-Nr. 305

Aufsatz-Trainer 3.- 5. Sj. Best.-Nr. 066

**Der Schneemann im
Kühlschrank** (Bildergeschichten)
3. bis 5. Schuljahr   Best.-Nr. 143

Mini-Bildergeschichten ab 2. Sj.
Wortschatz erweitern   Best.-Nr. 144

Grammatik kinderleicht
Grundlagenwissen für alle
ab 3. Schuljahr   Best.-Nr. 248

Satzbau Blödelmeister
Grammatik-Spiel   Best.-Nr. 162

Workshop Grammatik 5./7. Sj.
Substantive   Best.-Nr. 171
Adjektive   Best.-Nr. 172
Zeichensetzung   Best.-Nr. 173
das oder dass   Best.-Nr. 174

Grammatik Grundwissen
ab Ende 3. Schuljahr, Orientierungsstufe
Band 1: **Wortlehre**   Best.-Nr. 060
Band 2: **Satzlehre**   Best.-Nr. 061

Grammatikstunde 5. bis 10. Sj.
Übungen und Lösungen   Best.-Nr. 062

Freude an Reim und Rhythmus
Gedichte im Unterricht
3. bis 6. Schuljahr   Best.-Nr. 141

**Besser lesen lernen mit
Märchen, Sagen und Fabeln**
ab 2. Schuljahr   Best.-Nr. 276

Sachtexte lesen & verstehen
ab 5. Schuljahr   Best.-Nr. 106

Zehn Minuten täglich üben
Nachhilfe Deutsch ab 5. Sj.   Best.-Nr. 210

Handschrift-Trainer
Schöner schreiben – besser schreiben –
schneller und sicherer lesen. Ein Übungs-
programm ab 10 Jahre   Best.-Nr. 354

Lesetraining

ORIGINAL-LESETRAINING von Karin Pfeiffer
1. Schuljahr   Best.-Nr. 031
2. Schuljahr   Best.-Nr. 032
3. Schuljahr   Best.-Nr. 033
4. Schuljahr   Best.-Nr. 034
5. Schuljahr   Best.-Nr. 035
6. Schuljahr   Best.-Nr. 036
7. Schuljahr   Best.-Nr. 037
8/9. Schuljahr   Best.-Nr. 287

Lesetraining-Übungshefte:
1. Schuljahr Nr. 291 **5. Schuljahr** Nr. 295
2. Schuljahr Nr. 292 **6. Schuljahr** Nr. 296
3. Schuljahr Nr. 293 **7. Schuljahr** Nr. 297
4. Schuljahr Nr. 294 **8./9. Schulj.** Nr. 298

Lesetraining für Legastheniker
ab 2. Schuljahr   Best.-Nr. 126

Lektüren & Co.

TRAUMFABRIK-LITERATURBLÄTTER
Ergänzendes Übungsmaterial zur Lektüre;
jedes Heft 32 Seiten DIN-A4.

Der Buchstabenvogel
1. Schuljahr   Best.-Nr. 184

Mufti, der kleine freche Dino
ab 1. Schuljahr   Best.-Nr. 209

Wie die Katze zum K kam
ab 1. Schuljahr   Best.-Nr. 208

Sofie macht Geschichten
ab 1. Schuljahr   Best.-Nr. 108

Der Findefuchs
ab 2. Schuljahr   Best.-Nr. 028

Hanno malt sich einen Drachen
ab 2. Schuljahr   Best.-Nr. 189

Die Olchis sind da
ab 2. Schuljahr   Best.-Nr. 205

Igel, komm, ich nehm dich mit
ab 2. Schuljahr   Best.-Nr. 185

Das Schlossgespenst
ab 2./3. Schuljahr   Best.-Nr. 093

Das Vamperl
ab 3. Schuljahr   Best.-Nr. 159

Ben liebt Anna
ab 3. Schuljahr   Best.-Nr. 196

Umsonst geht nur die Sonne auf
ab 3. Schuljahr   Best.-Nr. 216

Sonst bist du dran
ab 3./4. Schuljahr   Best.-Nr. 215

Ich bin ein Stern
ab 5. Schuljahr   Best.-Nr. 188

Rennschwein Rudi Rüssel
ab 5. Schuljahr   Best.-Nr. 222

Insel der blauen Delphine
ab 6. Schuljahr   Best.-Nr. 194

Rechtschreiben

„5-Minuten-Diktate"
Beim Üben mit diesen Heften fassen auch
rechtschreibschwache Schüler wieder Mut.
2. Schuljahr   Best.-Nr. 017
3. Schuljahr   Best.-Nr. 018
4. Schuljahr   Best.-Nr. 019
5. Schuljahr   Best.-Nr. 020
6. Schuljahr   Best.-Nr. 021
7. Schuljahr   Best.-Nr. 052

Rechtschreiben kinderleicht I
Trainer Grundschule   Best.-Nr. 332

Rechtschreiben kinderleicht II
ab 5. Schuljahr   Best.-Nr. 336

Zwillingsdiktate 2. – 6. Sj.
Ein Text zum Üben, einer zum Prüfen!
                             Best.-Nr. 015

Mathematik

Schmunzelmathe Textaufgaben
Schritt für Schritt; mit Lösungen
1./2. Schuljahr   Best.-Nr. 094
3./4. Schuljahr   Best.-Nr. 095
5. Schuljahr   Best.-Nr. 313

**Die Einmaleins-Maus im
Hunderterhaus** 2. Sj.   Best.-Nr. 710

Mathe zum Schmunzeln
111 listig-lustige Rechengeschichten
Freiarbeit / Fördern, ab 2. Sj. Best.-Nr. 257

**Mathe kinderleicht – Grund-
rechenarten** ab 5. Sj.   Best.-Nr. 247

**Grundrechenarten – Lernen an
Stationen** Übungen mit Selbstkontrolle,
ab 5. Sj.   Best.-Nr. 253

Bruchrechnen
systematische Grundlagenübungen
Nachhilfe und Freiarbeit   Best.-Nr. 154

Übungen Geometrie ab 4. Sj.
Grundlegende Aufgaben   Best.-Nr. 121

Verschiedenes

40 Vertretungsstunden GS
Grundschule   Best.-Nr. 267

40 Vertretungsstunde SEK
ab 5. Schuljahr   Best.-Nr. 268

20 Funny English Lessons
ab 6. Sj., mit Lösungen   Best.-Nr. 206

Stolz Verlag

Schneidhausener Weg 52, 52355 Düren, Tel. (02421) 5 79 79   info@stolzverlag.de

Sachfächer

Themenhefte mit leicht verständlichen Texten zum sinnerfassenden Lesen und Lernen; mit Arbeitsanweisungen:

Das Wetter ab 2. Sj. — Best.-Nr. 042

Laubbäume ab 2. Sj. — Best.-Nr. 089

Blumen am Wegrand
Minitexte ab 2. Sj. — Best.-Nr. 043

Werkstatt Wald ab 2. Sj. Best.-Nr. 339

Kreislauf Wasser GS — Best.-Nr. 333

Jahreszeiten kennenlernen
ab 3. Sj. — Best.-Nr. 237

Haustiere 2. Sj. — Best.-Nr. 048

Zootiere ab 2. Sj. — Best.-Nr. 044

Vögel ab 3. Sj. — Best.-Nr. 111

Bauernhoftiere ab 2. Sj. Best.-Nr. 057

Igel-Lernwerkstatt — Best.-Nr. 329

Tiere im Winter ab 2. Sj. Best.-Nr. 269

Indianer ab 2. Sj. — Best.-Nr. 249

Hexen und Zauberer — Best.-Nr. 134

Sonne, Mond und Sterne
ab 4. Sj. — Best.-Nr. 081

Der elektrische Strom
ab 4. Sj. — Best.-Nr. 117

Deutschland kennenlernen
ab 3. Sj. — Best.-Nr. 058

Europa kennenlernen
ab 4. Sj. — Best.-Nr. 084

Durch die Wüste — Best.-Nr. 100

Die Alpen ab 5. Sj. — Best.-Nr. 147

Das Wattenmeer — Best.-Nr. 148

Klima, Wind u. Wetter
ab 4. Sj. — Best.-Nr. 195

Bibelgeschichten AT — Best.-Nr. 180

Bibelgeschichten NT — Best.-Nr. 074

Weltreligionen ab 3. Sj. — Best.-Nr. 075

Der Islam ab 5. Sj. — Best.-Nr. 113

Das Judentum ab 5. Sj. Best.-Nr. 076

Getreide und Brot — Best.-Nr. 337

Gesunde Ernährung — Best.-Nr. 135

Obst und Gemüse — Best.-Nr. 116

Der menschliche Körper
ab 3. Sj. — Best.-Nr. 079

Unsere Sinne ab 4. Sj. Best.-Nr. 179

Ritter und Burgen — Best.-Nr. 125

Leben in einer mittelalterlichen Stadt ab 3. Sj. — Best.-Nr. 132

Steinzeitmenschen — Best.-Nr. 516

Die Römer ab 4. Sj. — Best.-Nr. 520

Die alten Griechen — Best.-Nr. 514

Die alten Ägypter — Best.-Nr. 515

Die erweiterte EU — Best.-Nr. 251

Erfindungen ab 4. Sj. — Best.-Nr. 519

Entdecker ab 4. Sj. — Best.-Nr. 518

Die Industrielle Revolution
ab 7. Sj. — Best.-Nr. 281

Adolf Hitler ab 7. Sj. — Best.-Nr. 120

Alltag im 3. Reich — Best.-Nr. 077

Der 1. Weltkrieg — Best.-Nr. 282

Der 2. Weltkrieg — Best.-Nr. 283

Theater & Sketche

Fabelhafte Sketche — Best.-Nr. 146

5-Minuten-Sketche Grundschule — Best.-Nr. 140

Witzige Schulbühne
1. bis 10. Schuljahr — Best.-Nr. 112

Neue witzige Schulsketche
alle Altersstufen — Best.-Nr. 705

Klapsmühle – Sketche
alle Altersstufen — Best.-Nr. 704

Die Hexe Furufara
Theaterstück GS, OS — Best.-Nr. 009

Für Lehrer

Berichtszeugnisse
Textbausteine für die Grundschule — Best.-Nr. 201

Unterrichts-Check-Up
für Lehrproben; Wie bereite ich erfolgreichen Unterricht vor? — Best.-Nr. 200

Dem Lernen einen Sinn geben
Nachdenken über eine bessere Lern- und Erziehungskultur — Best.-Nr. 236

Wer hat das Sagen in deutschen Klassenzimmern?
Streitschrift — Best.-Nr. 226

Das friedliche Klassenzimmer
Das Buch für die Pflege der Seelenhygiene von Lehrern wie Schülern; für alle Schulstufen geeignet — Best.-Nr. 204

Rituale der Stille
Übungen und Rituale in der Schulklasse
Für alle Altersstufen — Best.-Nr. 347

Besser zuhören, besser lernen
Übungen und Spiele für alle Altersstufen; Schule, Therapie, Nachhilfe — Best.-Nr. 010

Faszination Stille
Projektmappe für die Praxis; viele Übungen zu Sammlung und Konzentration; alle Schulstufen — Best.-Nr. 290

Gedächtnisübungen & Lernstrategien ab 5. Schuljahr
Wie lernt man am besten? Lern- und Merkstrategien — Best.-Nr. 005

Bestell-Coupon

Ja, bitte senden Sie mir (uns) gegen Rechnung folgende Artikel:

Bestell-Anschrift:

Stolz Verlag
Stuttgarter Verlagskontor S V K GmbH
Postfach 106016   70049 Stuttgart
Tel. (07 11) 66 72-12 16
Fax (07 11) 66 72-19 74
Internet-Shop: www.stolzverlag.de

Artikel-Nummern hier eintragen:

_____

_____

_____

_____

_____

_____

_____

_____

☐ Bitte schicken Sie mir Ihren kostenlosen aktuellen Katalog!

Meine Anschrift:

_____
Vorname, Name

_____
Straße

_____
PLZ/Ort

_____
Datum/Unterschrift